www.kidkiddos.com
Copyright©2013 by S.A. Publishing ©2017 KidKiddos Books Ltd.
support@kidkiddos.com

All rights reserved. No part of this book may be reproduced in any form or by any electronic or mechanical means, including information storage and retrieval systems, without written permission from the publisher, except in the case of a reviewer, who may quote brief passages embodied in critical articles or in a review.
First edition, 2019

Translated from English by Karen Rodríguez
Traducido del inglés por Karen Rodríguez
Spanish editing by Mónica Michel
Revisión del texto en español por Mónica Michel

Library and Archives Canada Cataloguing in Publication
Amanda's Dream (English Spanish Bilingual Edition)/ Shelley Admont
ISBN: 978-1-5259-1971-8 paperback
ISBN: 978-1-5259-1972-5 hardcover
ISBN: 978-1-5259-1970-1 eBook

Please note that the Spanish and English versions of the story have been written to be as close as possible. However, in some cases they differ in order to accommodate nuances and fluidity of each language.

There once was a young girl named Amanda. Amanda didn't laugh or smile. She was unhappy.
Había una vez, una pequeña niña llamada Amanda. Amanda no reía, ni sonreía. Ella no era feliz.

Amanda had a lot of friends. She had a loving family and lived in a big house with all the things her heart desired. However, she still felt like something was missing.
Amanda tenía muchos amigos. Tenía una familia cariñosa y vivía en una casa grande con todas las cosas que su corazón deseaba. Sin embargo, aún sentía que le faltaba algo.

She didn't smile as she brushed her teeth, combed her hair or even played with her dolls.
Nunca sonreía mientras se lavaba los dientes, mientras se peinaba, ni siquiera cuando jugaba con sus muñecas.

Every night before bed, she sat with her father and played chess, her favorite game, but it did nothing to cheer her up.
Cada noche, antes de acostarse, ella se sentaba con su padre y jugaba ajedrez, su juego favorito, pero esto no la animaba.

One day, Amanda was sitting on a bench in the park and reading her favorite book.
Un día, Amanda estaba sentada en una banca del parque, leyendo su libro favorito.

Out of nowhere, a woman appeared. She wore a beautiful pink dress, and had wavy, flowing locks of hair and big, glowing blue eyes.
De repente, de la nada, apareció una mujer. Llevaba un precioso vestido rosa, y tenía mechones de cabello suelto y ondulado y ojos grandes azul brillante.

"Hello, Amanda," said the woman as she approached the bench. "Why are you sad?"
—Hola, Amanda —dijo la mujer mientras se acercaba a la banca— ¿Por qué estás triste?

"I'm not sad," answered Amanda. "I just don't feel like smiling."
—No estoy triste —respondió Amanda—. Sólo que no tengo ganas de sonreír.

"Are you sure? You seem upset," the strange woman replied.
—¿Estás segura? Pareces disgustada —respondió la extraña mujer.

Amanda decided that she had to talk to someone. She told the woman how unhappy she was.
Amanda decidió que tenía que hablar con alguien. Ella le contó a la mujer lo infeliz que era.

As Amanda breathlessly spilled out all her emotions, she began to cry.
Mientras Amanda desbordaba sin aliento todas sus emociones, comenzó a llorar.

Suddenly, Amanda stopped crying, looked at the strange woman and asked, "Who are you and how do you know my name?"
De pronto, Amanda dejó de llorar, miró a la extraña mujer y le preguntó: —¿Quién eres y cómo sabes mi nombre?

"I'm a dream fairy," the woman said. "I'm here to help you."
—Soy un hada de los sueños —dijo la mujer—. Estoy aquí para ayudarte.

Amanda listened carefully. "You just need a dream—a goal," the fairy continued.
Amanda escuchó atentamente. —Sólo necesitas un sueño, una meta —continuó el hada.

"I know! I really want one. All my friends have a dream," Amanda said with excitement, "and you know what? Their dreams come true."
—¡Lo sé! Realmente quiero uno, todos mis amigos tienen un sueño —dijo Amanda con emoción—, ¿y sabes qué? Sus sueños se hacen realidad.

"Danny dreamed of riding a bike, and last week he learned to ride all by himself."
—*Danny soñó con manejar una bicicleta, y la semana pasada aprendió a manejar sin ayuda.*

"Lillian dreamed of being a ballet dancer, and now she has dance lessons and dances in different shows."
—*Lillian soñó con ser bailarina de ballet, y ahora asiste a clases de danza y baila en diferentes espectáculos.*

"I really want to have some kind of dream come true, too. I just don't know how to get one."
—*Realmente quiero tener algún sueño que también se haga realidad. Simplemente no sé cómo tener uno.*

"A dream isn't something that can be given to you," said the dream fairy. "You need to have one inside your heart. Don't worry, it isn't as hard as it sounds. I can help you."

—Un sueño no es algo que se te pueda dar —dijo el hada de los sueños—. Necesitas que esté dentro de tu corazón. Pero, no te preocupes, no es tan difícil como parece. Puedo ayudarte.

Amanda looked up at her and wiped away her tears. She felt much better now.
Amanda la miró y se secó las lágrimas. Ahora se sentía mucho mejor.

"All you have to do is go home and think about what you want," continued the fairy. "Write down all your favorite things to do and what you love about them."
—Todo lo que debes hacer es ir a casa y pensar en lo que quieres —continuó el hada—. Escribe todas tus actividades favoritas y lo que te gusta de ellas.

After that, she disappeared as if she had never been there at all.
Después de eso, desapareció como si nunca hubiera estado allí.

What do I want? I know, I want a lot of candy, thought Amanda on her way home. *No, why do I need a lot of candy? I'll eat a little and then not want any more.*
—*¿Qué es que quiero? Umm… Ya lo sé, quiero muchos dulces —pensó Amanda de camino a casa—. No, ¿por qué necesito muchos dulces? Comeré unos cuantos y luego no querré ni uno más.*

I want a lot of dolls of all different kinds, she thought, but then changed her mind again. *No, I don't need a lot of dolls. I have enough already.*
—*Quiero un montón de muñecas de todo tipo —pensó, pero luego cambió de opinión de nuevo—. No, no necesito muchas muñecas. Ya tengo suficientes.*

So what do I want? Amanda continued to think hard about what her dream could be. *Maybe a cute little dog?*
—Entonces, ¿qué es lo que quiero? —Amanda continuó pensando seriamente en cuál podría ser su sueño—. ¿Quizás un lindo perrito?

No, it would be better to have new crayons or pretty earrings. Or maybe I want to be a famous actress or a princess?
—No, sería mejor tener crayones nuevos o aretes bonitos. ¿O tal vez quiero ser una actriz famosa o una princesa?

She thought of reading her favorite books and of playing with her friends. She thought of music, dancing and painting.
Pensó en leer sus libros favoritos y en jugar con sus amigos. Pensó en la música, en bailar y pintar.

She thought and thought and thought, but she still didn't know what she wanted.
Pensó, pensó y pensó, pero aún no sabía lo que quería.

She carried on thinking even when her father came home from work. Just like every evening, Amanda and her father played chess.
Seguía pensando incluso cuando su padre volvió a casa del trabajo. Como todas las noches, Amanda y su padre jugaron ajedrez.

She enjoyed playing chess that evening so much that she forgot all about her conversation with the dream fairy.
Esa noche disfrutó tanto jugar ajedrez que se olvidó por completo de su conversación con el hada de los sueños.

That night when Amanda went to sleep, she had a dream.
Esa noche cuando Amanda se fue a dormir, tuvo un sueño.

In her dream, she walked through the doors of a big building. She wandered down a long corridor, following the sound of excited voices, until she entered a large room.

En su sueño, ella entraba por las puertas de un gran edificio. Deambulaba por un largo pasillo, siguiendo el sonido de voces emocionadas, hasta que entró en un gran salón.

It was a chess competition. She looked around and heard her name called over the speakers. She was going to play next!
Era una competencia de ajedrez. Miró a su alrededor y escuchó su nombre por los altavoces. ¡Ella era la siguiente en jugar!

In the first round, Amanda played against children of her own age and won every single match. She was excited, determined and surprisingly good at chess.
En la primera ronda, Amanda jugó contra niños de su edad y ganó todas las partidas. Estaba muy entusiasmada, decidida y era sorprendentemente buena en ajedrez.

In the next round, she played against older children and won every match again.
En la siguiente ronda, jugó contra niños más grandes y volvió a ganar todas las partidas.

At the end of the day, she was titled the Chess Champion.
Al finalizar el día, fue nombrada Campeona de Ajedrez.

Amanda woke up overjoyed. The dream had felt so real! She wanted to be a chess champion. She picked up a pen, scribbled "chess champion" on a piece of paper and ran out of her room.

Amanda se despertó encantada. ¡Su sueño se había sentido tan real! Quería ser campeona de ajedrez. Agarró un bolígrafo, garabateó "campeona de ajedrez" en un pedazo de papel y salió corriendo de su habitación.

She hugged her father and shouted, "I'm going to be a chess champion!"
Abrazó a su padre y gritó: —¡Voy a ser campeona de ajedrez!

Amanda's father smiled, gave her a tight hug and said, "I believe in you, dear."
El padre de Amanda sonrió, la abrazó y le dijo: —Creo en ti, querida.

A few days passed and a chess competition was going to be held at school. There was great excitement in the air.
Pasaron unos días y una competencia de ajedrez se iba a llevar a cabo en la escuela. Se sentía una tremenda emoción en el aire.

Amanda was nervous at first, but she was confident she would win. After all, she had won the championship in her dream.
Amanda estaba nerviosa al principio, pero confiaba en que ganaría. Después de todo, había ganado el campeonato en su sueño.

From the moment the competition began, however, it was obvious that Amanda wasn't as strong of a player as she thought. She lost the very first game.
Desde el momento en que inició la competencia, sin embrago, era obvio que Amanda no era una jugadora tan fuerte como pensaba. Perdió la primera partida.

She was hurt and disappointed in herself. It wasn't anything like the competition in her dream.
Se sentía herida y decepcionada de sí misma. No se parecía en nada a la competencia de su sueño.

Sad and discouraged, Amanda arrived home. She sat on the bed and started to cry.
Triste y desanimada, Amanda llegó a su casa. Se sentó en la cama y se puso a llorar.

How could this happen? she thought. *I dreamed about this. I should have won!*
—¿Cómo pudo pasar esto? —pensó—. Soñé con esto. ¡Debería haber ganado!

"Why are you crying, dear?" said a familiar voice. The dream fairy was sitting next to her.
—¿Por qué lloras, querida? —dijo una voz familiar, el hada de los sueños estaba sentada a su lado.

"What's the point in having a dream if it doesn't come true?" answered Amanda.
—¿De qué sirve tener un sueño si no se hace realidad? —respondió Amanda.

The dream fairy put her arm around Amanda's shoulder. "In order for your dream to come true, you have to practice," she explained kindly. "You have to work hard and try over and over again until you make it happen."
El hada de los sueños colocó su brazo alrededor de los hombros de Amanda. —Para que tu sueño se haga realidad, tienes que practicar —le explicó amablemente—. Tienes que trabajar duro e intentarlo una y otra vez hasta que lo consigas.

Amanda listened carefully to the dream fairy and knew she was right.
Amanda escuchó atentamente al hada de los sueños y supo que tenía razón.

"Do you really, really want to be a chess champion?" asked the fairy.
—¿De verdad quieres ser una campeona de ajedrez? —preguntó el hada.

"More than anything else in the world." Amanda smiled and stopped crying.
—Más que nada en el mundo —Amanda sonrió y dejó de llorar.

The dream fairy came closer to Amanda and whispered, "Then you know what you should do."
El hada de los sueños se acercó a Amanda y le susurró: —Entonces ya sabes lo que debes hacer.

Before Amanda could say another word, the fairy disappeared.
Antes de que Amanda pudiera decir otra palabra, el hada desapareció.

Amanda thought for a moment, hopped off the bed and ran to her father.
Amanda pensó por un momento, saltó de la cama y corrió hacia su padre.

"Dad!" she shouted. "I want to be a chess champion!"
—¡Papá! —gritó—. ¡Quiero ser campeona de ajedrez!

"I know, Amanda, you've already told me. But how are you going to accomplish it?" he asked.
—Lo sé, Amanda, ya me lo has dicho. Pero, ¿cómo lo vas a lograr? —preguntó.

"I want to sign up for a chess club, and I'm going to practice every day. I don't even want to watch TV or play with my toys—I just want to do this."
—Quiero inscribirme en un club de ajedrez y voy a ir a practicar todos los días. Ni siquiera quiero ver televisión, ni jugar con mis juguetes, sólo quiero practicar.

"Are you sure?" her dad asked.
—¿Estás segura? —preguntó su padre.

"Yes!" Amanda answered. "I will do anything to be the chess champion."
—*¡Sí! —Amanda contestó—. Haré lo que sea para ser la campeona de ajedrez.*

"I'm proud of you, sweetheart, I know you'll succeed."
—*Estoy orgulloso de ti, cariño, sé que tendrás éxito.*

Her father hugged her tightly, and Amanda's face shone with pride and excitement.
Su padre la abrazó con fuerza, y la cara de Amanda brilló con orgullo y emoción.

Amanda began to practice for the next competition. She spent most of her days playing chess.
Amanda comenzó a practicar para la siguiente competencia. Pasaba la mayor parte de sus días jugando ajedrez.

She studied at the chess club, practiced on the computer at home and played chess with her dad in the evenings.
Estudiaba en el club de ajedrez, practicaba en la computadora en casa y jugaba ajedrez con su padre por las noches.

She didn't mind not playing with her dolls or watching TV—she was focused on becoming the best chess player she could be.
No le importaba no jugar con sus muñecas o ver la televisión, estaba concentrada en convertirse en la mejor jugadora de ajedrez que pudiera ser.

Finally, the day of the next competition arrived. Amanda excitedly stood up for her first match and met the same boy she had lost to in the previous competition.
Finalmente, llegó el día de la siguiente competencia. Amanda se levantó con entusiasmo para su primer partido y se encontró con el mismo chico con el que había perdido en la competencia anterior.

"Are you ready to lose again?" the boy asked mockingly.
—¿Estás lista para perder otra vez? —preguntó el chico en tono burlón.

Amanda just smiled. Deep in her heart, she was confident that she was ready.
Amanda solo sonrió. En lo más profundo de su corazón, estaba segura de que estaba preparada.

The match began right away. Amanda won easily and was excited to play more.
La partida comenzó de inmediato. Amanda ganó fácilmente y estaba entusiasmada por jugar más.

She won the second match, and the third and the fourth, and on it went. Each match was harder than the one before, but thanks to her hard work and determination, Amanda won every time.
Ganó la segunda partida, la tercera y la cuarta, y siguió adelante. Cada partido era más difícil que el anterior, pero gracias a su trabajo duro y determinación, Amanda ganó todas las veces.

At the end of the day, Amanda was awarded the title of School Chess Champion.
Al finalizar el día, Amanda recibió el título de Campeona de Ajedrez de la Escuela.

She showed her medal and trophy proudly to her family and friends. She was so happy, and knew that she could achieve anything she wanted.

Con orgullo enseñó su medalla y trofeo a su familia y amigos. Estaba muy feliz, y ahora sabía que podía lograr lo que quisiera.

That was how Amanda found her dream and made it come true.
Así fue como Amanda descubrió su sueño y lo hizo realidad.

From that day on, Amanda was never sad again. Now she already knows what her next dream will be and what she has to do to make it come true.
Desde ese día, Amanda no volvió a estar triste. Ahora ya sabe cuál será su próximo sueño y qué tiene que hacer para hacerlo realidad.

How about you?
Y ¿qué hay de ti?

What's your dream and what will you do to make it come true?
¿Cuál es tu sueño y qué harás para hacerlo realidad?

www.ingramcontent.com/pod-product-compliance
Lightning Source LLC
Chambersburg PA
CBHW061226070526
44584CB00029B/4012